KURT MARTI

Heilige Vergänglichkeit

Spätsätze

RADIUS

2. Auflage 2011

ISBN 978-3-87173-900-2

Umschlag: André Baumeister
Gesamtherstellung: CPI – Clausen & Bosse, Leck
Printed in Germany

Untauglicher Witwer

Was ist schlimmer: abends allein ins
Bett zu kriechen oder morgens einsam
zu erwachen?

*

Seitdem die täglich und nächtlich ver-
traute Zwiesprache aufgehört hat,
schwinden mein Wortschatz und mein
Ausdrucksvermögen.

Im Gefängnis einsamer Stille wächst
die Angst überzuschnappen.

*

Die Geliebte verbürgte Wirklichkeit.
Jetzt bleiben bloß noch Schatten,
Wirklichkeitsschatten.

*

Hoffentlich weiß sie nicht, wie
unglücklich ich ohne sie bin.

Gibt es taugliche Witwer?
Ich jedenfalls bin keiner.

*

Gott ist nie Ersatz, erst recht nicht
für die lebenslang Geliebte.

*

Ich wurde geliebt, also war ich.

Abendleben

Wer kein Heim mehr hat, geht in ein
Heim. Was tut er dort?
Wartet auf seinen Heimgang.

*

Seniles Rallentando: Langsamer gehen
– kürzer treten – trippeln – hinken –
sich auf Stock oder Rollator stützen.

»Abendsonne« heißt ein Altersheim.

✳

Vielfältig sind die Übergänge vom
Abendleben zum Ableben.

✳

Vergeistigung im Alter? Nicht doch.
Die Beschäftigung mit dem Körper,
vor allem mit seinen Defiziten,
nimmt unliebsam überhand.

Je älter du wirst, desto mehr Ärzte
machen sich an dir zu schaffen.

*

Die Altersindustrie boomt. Auch ich
gehöre nun zu ihrem Rohstoff.

*

Schrauben lockern sich.
Auch der Geist wird wacklig.

Verarmungsängste: Der Aufenthalt
auf Erden wird zunehmend eine teure
Angelegenheit.

✳

Physische Schmerzen machen einsam.
Selbst mit willigster Empathie und
Liebe kann niemand sie mit uns
teilen. Das hat auch meine Geliebte
erfahren müssen.

✳

Still nagt Verzweiflung am Gemüt.

Wunschtod, meistgenannt:
Im Schlaf ein Herzstillstand.

*

Es scheint, glaubt man Umfragen,
dass viele Männer meines Alters
einen Suizid erwägen.

*

Getrübte Sinne, Trübsinn – und plötz-
lich ein helles Frauenlachen
wie aus einer ganz anderen Welt.

Die Bezeichnungen »Greisin« und
»Greis«, einst Ehrentitel, sind verpönt
und von einer obskuren Instanz
aus der Sprache entfernt worden.

✳

Schlimme Entdeckung:
Ich kann nicht mehr pfeifen.

✳

In welche Richtung hätte sich das
Denken und Lehren des Nazareners
verändert, wenn er 90 Jahre alt geworden wäre? Müßige Frage, ich weiß.

20

Und weiter verlaufe ich mich
im Wald der Fragen und Widersprüche.
Also lebe ich noch.

*

Im Licht der langsam entgleitenden
Abendsonne wird der Zigarettenrauch
märchenhaft blau.

Wem glauben?

In den Armen der Geliebten glaubte
ich oft, dem großen Geheimnis nahe
zu sein.

*

Warum gibts keine erotische Theologie? Weil wissenschaftliche Denk-
weise und Sprache dem Thema nicht
gewachsen sind? Allein, sind sie
etwa dem Thema Gott gewachsen?

Jetzt, da alles ins grelle Licht der
Öffentlichkeit gezerrt wird,
erquickt Gottes Verborgenheit.

✳

Wir sollen nicht wollen, was wir nicht
können, nämlich uns ein Bild von
Gott machen. Und doch können wir
uns Gott nicht ohne bildhafte
Vorstellung denken. Halten wir's also
wie die Bibel: Sie redet von Gott in
vielen verschiedenen Bildern und lässt
diese ins neutestamentliche Bekennt-
nis münden, Jesus Christus sei das
menschliche »Ebenbild des unsicht-
baren Gottes« (Kolosserbrief 1,15).

Einige Neurowissenschaftler glauben,
Gott im menschlichen Gehirn orten
zu können. Ist, was sie dort zu finden
meinen, aber tatsächlich Gott?
Oder behält eher Calvin recht mit der
Behauptung, das menschliche Gehirn
sei eine »Götzenfabrik«?

*

Ceterum censeo: »Die Rätsel Gottes
sind befriedigender als die Lösungen
der Menschen.« (G. K. Chesterton)

*

Was glauben? Woran glauben?
Die primäre Frage lautet wohl aber:
Wem glauben, das heißt vertrauen?

Dafür, dass bisher auf keinem anderen
Gestirn Menschen oder menschen-
ähnliche Wesen entdeckt worden sind,
habe ich eine ganz naive Erklärung:
Gott hat mit seinem Experiment auto-
nomer Menschengeschöpfe Verdruss
genug – wozu soll er sich noch mehr
solchen aufladen?

*

Was einem leicht fällt zu glauben,
verführt zu Leichtgläubigkeit.

*

»Die Theologie macht dir zu schaffen.
Das ist kein Wunder. Das gehört
zu ihr.« (Martin Heidegger
an Hannah Arendt, 24.VII.1925)

Schon bald hat sich der christliche Glaube einst über den Widerstreit zwischen Polytheismus und Monotheismus hinausentwickelt. Er ist weder das eine noch das andere. Er ist trinitarisch.

*

Vielleicht ist die Vorstellung einer Dreieinheit Gottes das genialste Denkbild der christlichen Theologie,
dessen Potentialität noch lange nicht ausgeschöpft ist. Es wagt, Beziehungsvielfalt und Macht-Teilung in der Gottheit zu denken, so dass man in ihm auch Prinzipien wie Gewaltentrennung, Mitsprache, Mitbestimmung vorgezeichnet finden kann.

Jedes Pochen auf eine »reine Lehre«
ist im Kern gewalttätig.

✳

Ist alle Theologie vielleicht eine Flucht
vor den einfachen, aber radikalen
Aussagen und Aufforderungen der
Bergpredigt Jesu (Matthäus 5–7)?

✳

Ihm, Jesus, glaube ich Gott.

Heilige Vergänglichkeit

Mich ängstet das Sterben bei noch
lebendigem Leib, nicht der Tod.
Dieser wird, Gott sei Dank, das
Sterben beenden.

*

Erwünscht wäre im Alter wahrschein-
lich: Heitere Resignation. Noch besser
ist allerdings – womöglich dankbare –
Bejahung unserer Vergänglichkeit. Sie
ist vom Schöpfer gewollt und deshalb:
Heilige Vergänglichkeit.

Womöglich möchte ich zuletzt das Zeit-
liche und Vergängliche segnen können.

＊

Die Behauptungen des Apostels
Paulus, der Tod sei der Sünde Sold
und der letzte Feind, steht in krassem
Widerspruch zur Tatsache, dass Gott
alles Leben sterblich geschaffen hat.

＊

Was kommt danach? Oft stelle ich mir
vor, mein Ego werde sich alsdann
in Gottes Ewigkeit verlieren,
vielleicht sogar auflösen. »Was immer
zu Gott kommt, entfällt sich selbst.«
(Meister Eckart)

Der größere Teil der Bibel, nämlich das Erste Testament, ist radikal diesseitig und weiß nichts von einem individuellen Weiterleben nach dem Tod. Alt-Israels Gottesleidenschaft bedurfte keiner persönlichen Jenseitshoffnung.

*

Ein Glaube, der auf das eigene Weiterleben nach dem Tod fokussiert ist, bleibt heillos egozentriert. Ist der Wunsch, ewig zu leben, nicht ohnehin der menschliche Urfrevel (1. Mose 3,5), so sein zu wollen wie Gott, der allein Ewige?

Ist andererseits der Wunsch nach ewigem Leben nicht auch ein unbeholfener Dank für unser vergängliches, aber einmalig lebenswertes Dasein?

✳

Die Evangelisten können nicht genug dafür gerühmt werden, dass sie der Versuchung widerstanden haben, denen, die Jesus vom Tod wieder auferweckte, und ihm, dem Auferstandenen selbst, Äußerungen über ein postmortales Jenseits in den Mund zu legen.

Kurz vor ihrem frühen Tod sagte
die heilige Therese von Lisieux
(1873–1897): »Ich glaube nicht mehr
an das ewige Leben, alles ist
verschwunden, es bleibt nur noch
die Liebe.«

*

Gott ist unser Jenseits. Das zu glauben
genügt, und alles weitere (auch
Verwandlung, Auferstehung usw.)
bleibt ihm überlassen.

»Ewig währt am längsten«, behauptet
eine Redensart. »Währen« setzt
allerdings die Zeitdimension voraus.
Weil ohne Anfang und ohne Ende,
ist Ewigkeit aber Nicht-Zeit. Diese
geht weit über die Vorstellungskraft
von uns Zeitlingen hinaus und bleibt
das Geheimnis der göttlichen Präsenz.
Ihm gibt sich der Glaube anheim.

✳

Hie und da aber grüßt – o Wunder! –
ein ewiger Augenblick die heilige,
weil von Gott gewollte Vergänglichkeit.

Nichts ist selbstverständlich

Wozu beten? Damit uns nichts selbstverständlich wird. Selbstverständlich
ist nur das Nichts.

*

Die ungeheure Vielfalt und Geschwin-
digkeit alles Vergänglichen überfordert
meinen kleinen Verstand.

Gott hat es gefallen, ein Universum
voll rasender Gestirne entstehen
zu lassen. Auch wir leben auf einem
rasenden Planeten. Ist kosmische
Raselust auch in uns selber?

✳

Auf einem Mäuerchen hocke ich
am Rand einer vielbefahrenen Straße.
Mein alter Rücken schmerzt und
braucht einige Augenblicke
Entlastung, Erholung. Autos preschen
vorüber, kleine, große, mittelgroße,
jedes eine geballte Ladung Gewalt.

Ist der menschliche Rasewahn pan-
demisch geworden, hält er sich für
Fortschritt. Sein Preis: Allerwärts
plattgewalzter Humus in Form von
Asphaltierungen und Betonierungen.

*

Neben den Plattwalzungen bohrt
unverdrossen Seine Majestät
Lumbricus terrestris, der Regenwurm,
Höhlengänge ins Erdreich,
damit dieses weiterhin leben, das
heißt atmen und Wasser trinken kann.
Wer sagt da noch, das verstehe sich
doch von selbst?

Auch und gerade Gott ist nicht selbstverständlich. Daran erinnern uns die
Atheisten.

*

Ob ausgesprochen oder unausgespro-
chen feiern alle ernsthaften Gebete
und Liturgien Gott als das erste und
größte aller Wunder.

Kurt Marti

1921 in Bern geboren, studierte Jura und Theologie in
Bern und Basel. Im Dienst des Ökumenischen Rates ein
Jahr in Paris, Pfarrer in Leimiswil, Niederlenz und bis
1983 in Bern. Preise und Auszeichnungen: u. a. Lyrik-
Preis Radio Basel (1957), Johann-Peter-Hebel-Preis
des Landes Baden-Württemberg, Großer Literaturpreis
des Kantons Bern (beide 1972), Ehrendoktorwürde der
Universität Bern (1977), Buchpreis der Stadt Bern (1990),
Kurt-Tucholsky-Preis (1997), Karl Barth-Preis (2002)

Lieferbare Radius-Bücher von Kurt Marti:

DU. Rühmungen
Fromme Geschichten
geduld und revolte. die gedichte am rand
Die gesellige Gottheit. Ein Diskurs
gott gerneklein. gedichte
Gott im Diesseits. Versuche zu verstehen
Heilige Vergänglichkeit. Spätsätze
Paraburi. Eine Sprachtraube
Prediger Salomo. Weisheit inmitten der Globalisierung
Die Psalmen. Annäherungen
Die Riesin. Roman
Schöpfungsglaube. Die Ökologie Gottes
Ungrund Liebe. Klagen, Wünsche, Lieder
Von der Weltleidenschaft Gottes. Denkskizzen

45

Lieferbare Radius-Bücher. Eine Auswahl

Peter Bichsel: Möchten Sie Mozart gewesen sein?
Wolfgang Erk (Hg.): Viele gute Wünsche
Peter Härtling: Dorther. Reisen aus der Erinnerung
Gotthold Hasenhüttl: Christen gegen Christen
    Der Streit um das gemeinsame Abendmahl
Klaus-Peter Hertzsch: Chancen des Alters. Sieben Thesen
Klaus-Peter Hertzsch: Der ganze Fisch war voll Gesang
Klaus-Peter Hertzsch: Sag meinen Kindern,
    dass sie weiterziehn. Erinnerungen
Walter Jens: Das A und das O. Die Offenbarung
Walter Jens: Die vier Evangelien
Klaus-Peter Jörns: Glaubwürdig von Gott reden
Eberhard Jüngel: Erfahrungen mit der Erfahrung
Reiner Kunze: Bleibt nur die eigne Stirn. Ausgewählte Reden
Kurt Marti: *siehe Seite 45*
Pierangelo Maset: Geistessterben. Eine Diagnose
Elisabeth Moltmann-Wendel: Gib die Dinge der Jugend
    mit Grazie auf. Texte zur Lebenskunst
Elisabeth Moltmann-Wendel: Der auf der Erde tanzt
Karl-Heinz Ronecker: Mit Literatur predigen
Eleonore von Rotenhan: Paradies im Niemandsland
    Alzheimer. Eine literarische Annäherung
Martin Scharpe / Wolfgang Erk (Hg.): Tag für Tag
    Literarisches Geburtstagsbuch
Wieland Schmied: Bilder zur Bibel
    Maler aus sieben Jahrhunderten erzählen das Leben Jesu
Wieland Schmied: Von der Schöpfung zur Apokalypse
    Bilder zum Alten Testament und zur Offenbarung
Georg Schützler: Liebe grünt in grauen Zeiten. Die Kunst,
    als Paar zu leben am Beispiel von Philemon und Baucis
Fulbert Steffensky: Mut zur Endlichkeit
    Sterben in einer Gesellschaft der Sieger
Fulbert Steffensky: Der Schatz im Acker
Fulbert Steffensky: Schwarzbrot-Spiritualität
Eva Zeller: Das unverschämte Glück. Neue Gedichte

Radius-Verlag · Alexanderstraße 162 · 70180 Stuttgart
Fon 0711.607 66 66   Fax 0711.607 55 55
www.Radius-Verlag.de   e-Mail: info@radius-verlag.de